RACONTE-MOI
PIERRE LAVOIE

La collection Raconte-moi *est une idée originale de Louise Gaudreault et de Réjean Tremblay.*

Éditrice-conseil : Louise Gaudreault
Coach d'écriture : Réjean Tremblay
Coordination éditoriale : Pascale Mongeon
Direction artistique : Roxane Vaillant
Illustrations : Josée Tellier
Design graphique : Christine Hébert
Révision : Lise Duquette
Correction : Odile Dallaserra

DISTRIBUTEUR EXCLUSIF :

Pour le Canada et les États-Unis :
MESSAGERIES ADP inc.*
2315, rue de la Province
Longueuil, Québec J4G 1G4
Téléphone : 450-640-1237
Télécopieur : 450-674-6237
Internet : www.messageries-adp.com
* filiale du Groupe Sogides inc.,
  filiale de Québecor Média inc.

Données de catalogage disponibles auprès de
Bibliothèque et Archives nationales du Québec

03-17

Imprimé au Canada

© 2017, Les Éditions de l'Homme,
division du Groupe Sogides inc.,
filiale de Québecor Média inc.
(Montréal, Québec)

Tous droits réservés

Dépôt légal : 2017
Bibliothèque et Archives nationales
du Québec

ISBN 978-2-89754-085-2

Gouvernement du Québec – Programme de crédit d'impôt pour l'édition de livres – Gestion SODEC – www.sodec.gouv.qc.ca

L'Éditeur bénéficie du soutien de la Société de développement des entreprises culturelles du Québec pour son programme d'édition.

Conseil des Arts du Canada   Canada Council for the Arts

Nous remercions le Conseil des Arts du Canada de l'aide accordée à notre programme de publication.

Financé par le gouvernement du Canada
Funded by the Government of Canada   Canadä

Nous reconnaissons l'aide financière du gouvernement du Canada par l'entremise du Fonds du livre du Canada pour nos activités d'édition.

Jessica Lapinski

RACONTE-MOI
PIERRE LAVOIE

PRÉAMBULE

La foule massée dans le Stade olympique est en délire. Les cyclistes qui y font leur entrée sont accueillis en héros par des milliers de jeunes.

Ensemble, ils viennent de compléter une randonnée à vélo de 1 000 kilomètres qui les a menés du Saguenay–Lac-Saint-Jean jusqu'à Montréal.

En tête de ce groupe de 95 cyclistes se trouve Pierre Lavoie. Ce tour du Québec à vélo, c'est son idée. Une idée qu'il a mûrie longuement et vers laquelle l'ont mené toutes les embûches qu'il a rencontrées depuis vingt ans.

Devant ces jeunes bruyants, Pierre repense à tout ce qu'il a traversé au cours de ces deux décennies. Il songe à sa rencontre avec la belle Lynne, à leur mariage. Il se remémore son premier vélo et son premier triathlon, et ce qui l'a amené à participer à des Ironman, de très longs triathlons où les athlètes combinent nage, vélo et course sur une distance de 226 kilomètres!

Quand il pense à ses enfants, le cœur de Pierre se serre. L'homme se revoit à l'hôpital Sainte-Justine, Lynne à ses côtés. Devant eux, le médecin a une grave nouvelle à leur annoncer. Il n'y a plus rien à faire pour leur petit Raphaël. À seulement vingt mois, le bambin vient de mourir de l'acidose lactique.

Cette triste réalité n'a rien de nouveau pour le couple. Deux ans auparavant, Pierre et Lynne ont perdu leur petite Laurie. Elle avait quatre ans. Comme Raphaël, elle a succombé à l'acidose lactique.

La maladie héréditaire touche surtout de jeunes enfants de la région dont Pierre est originaire, le Saguenay–Lac-Saint-Jean. Dévastés par la perte de leur petit, les Lavoie ont grimpé dans leur fourgonnette. Mais le couple a choisi de ne pas se laisser abattre. Bruno-Pierre, leur premier enfant, est en pleine santé. Il les attend à la maison.

Au contraire, plutôt que de les ravager, ce drame fera naître chez les Lavoie l'idée d'un projet rassembleur. Un projet qui traversera les frontières du Saguenay–Lac-Saint-Jean pour faire bouger tout le Québec.

L'aboutissement de ce projet, Pierre le vit en cet après-midi du 14 juin 2009. Devant les milliers de jeunes qui l'attendent, le cycliste brandit le poing en signe de victoire. Il s'est promis de se battre pour les amener à bouger davantage, pour les aider à améliorer leurs habitudes de vie.

Pierre se réjouit d'avoir réussi. Mais, pour lui, ce premier Grand défi Pierre Lavoie n'est que le début d'une aventure qu'il espère la plus longue possible.

ENTRE LA FORÊT ET LA RIVIÈRE

Pierre Lavoie est né le 17 décembre 1963 à L'Anse-Saint-Jean, un village du Saguenay–Lac-Saint-Jean. Il est le cadet d'une famille de quatre enfants. Très jeune, Pierre découvre les plaisirs de la nature. L'Anse-Saint-Jean est nichée au cœur du fjord du Saguenay, une grande étendue d'eau. Pierre partage son temps entre ce grand lac et la forêt qui borde son village paisible, où réside toute sa famille.

Tout petit, Pierre aime aller à la pêche. En fait, ce qu'il préfère, c'est le contact avec l'eau. Pour lui, impossible de voir un cours d'eau sans avoir envie de sauter dedans. Souvent, le garçon entre dans la rivière avec son masque de plongée et son tuba pour observer les poissons. Parfois, il en pêche un. Son premier était un saumon. Pressé de retourner à l'eau, Pierre l'a abandonné sur une roche. Quand il a voulu le récupérer, le poisson n'y était plus. A-t-il été mangé par un animal, par un oiseau ? Pierre ne l'a jamais su !

Pierre vient d'une famille de bûcherons. Dans cette région où les forêts sont nombreuses, plusieurs hommes gagnent leur vie en abattant des arbres. Son grand-père Julien est l'un des meilleurs du coin. C'est un véritable géant : il mesure 1,93 mètre, ce qui est immense, à l'époque ! Julien travaille pour la compagnie forestière Price. Encore aujourd'hui, il détient plusieurs records de l'entreprise. Il est notamment réputé pour couper du bois très rapidement.

Pierre ne le sait pas encore, mais il a en lui les gènes de son grand-père. Pour être un bûcheron aussi fort, Julien possède beaucoup d'endurance. Ces gènes, Pierre les trouvera fort utiles à l'âge adulte, quand viendra le temps de faire du vélo ou de courir sur de longues distances.

Son père Gilbert bûche aussi du bois. Ce métier n'est pas payant, alors, pour nourrir sa famille, il occupe un emploi de camionneur. L'entreprise possède quatorze camions. Très jeune, Pierre partage l'intérêt de son père pour les camions. Cet intérêt continuera de le suivre plus tard, quand viendra le temps de choisir sa première carrière.

Dans son village entouré d'eau et d'arbres, Pierre vit une enfance heureuse. Il passe son temps dehors, avec ses cousins et cousines. La famille Lavoie est tissée serré. Tout le monde s'entraide. Ce sont de belles années, que Pierre évoquera plus tard avec le sourire.

2

UN ATHLÈTE ? PAS VRAIMENT !

Comme la plupart des garçons de huit ans, Pierre adore le hockey. Avec ses amis, il peut y jouer durant des heures dans l'entrée de la maison. C'est la seule demeure du quartier où l'allée est asphaltée. Parfois, les enfants troquent le bâton et la rondelle pour un ballon de soccer.

Pierre adore imiter ses idoles. Au cœur des années 1970, Guy Lafleur fait courir les foules au Forum de Montréal. Gordie Howe s'illustre avec les Red Wings et Bobby Hull fait rêver les partisans des Blackhawks de Chicago, qui s'appelaient alors « Black Hawks ».

Le garçon affectionne ce sport, mais il sait que les chances d'y faire carrière sont minces, voire inexistantes. L'Anse-Saint-Jean est située bien loin des grands centres. Le village se trouve à 500 kilomètres au nord-est de Montréal. À l'époque, les bons hockeyeurs sont surtout repérés dans les grandes villes.

De plus, Pierre joue au hockey, mais en bottines. Il ne sait pas patiner : en fait, il lui faudra attendre plusieurs années avant de chausser des patins pour la première fois. Ça, ce n'est vraiment pas l'idéal pour jouer dans la Ligue nationale !

Même s'il aime beaucoup faire du sport, Pierre est rarement le meilleur. Il a de la difficulté dans ses cours d'éducation physique. Ses professeurs aiment faire courir les élèves sur de courtes distances. Des sprints sur 50 mètres, par exemple. Dans cette discipline, Pierre finit souvent parmi les derniers.

« Pierre, la course, ce n'est pas pour toi ! » lui lance un de ses enseignants à la fin de l'année scolaire.

Peu à peu, Pierre se décourage. Il aimerait tellement trouver un sport qui le passionne et dans lequel il pourrait s'accomplir. Il voudrait prendre part à des compétitions sportives et s'amuser avec les autres élèves.

Un beau jour d'hiver, son enseignant d'éducation physique décide d'emmener toute la classe faire du ski de fond. Avec sa motoneige, il a dessiné des traces dans la neige. Il a ensuite trouvé de l'équipement pour tous ses élèves. Pierre se rappellera toujours combien les bottes de ski étaient longues à enfiler.

Mais c'est surtout la suite qu'il chérira. Malgré la température qui avoisinait les -20 degrés Celsius, le garçon a adoré l'expérience. « Wow ! C'est donc bien amusant ! » s'est-il exclamé, en sentant la neige sous ses skis et l'air frais qui s'infiltrait dans ses narines. Toute sa vie, Pierre conservera un souvenir précieux de cet enseignant qui lui a fait goûter à ce sport.

Une fois les skis rangés, Pierre devra toutefois attendre plusieurs années avant de renouer avec le plaisir de la glisse au grand air. Il deviendra de plus en plus difficile pour l'enfant de s'amuser dans la nature...

3

LE CHOC DE LA GRANDE VILLE

Pierre a douze ans quand une triste nouvelle frappe sa famille. Ses parents divorcent. Avec ses deux frères et sa sœur, le jeune adolescent suit sa mère à La Baie. La ville est bien plus grande que le village de L'Anse-Saint-Jean. Elle est située à environ une heure de route de l'endroit où Pierre a grandi.

Quand Pierre y met le pied, il vit un choc. La Baie a beau se trouver en bordure de la rivière Saguenay, le garçon ne pourra pas y voir de beaux poissons. Le cours d'eau est bien trop pollué par les usines des alentours !

Pierre n'aime pas sa nouvelle ville. Quand il a su qu'il y déménagerait, une grande tristesse l'a envahi. Depuis qu'il est tout jeune, les odeurs qui émanent de la papetière de La Baie lui lèvent le cœur. Lorsqu'il était plus petit, celles-ci le rendaient malade quand il traversait l'endroit en voiture avec Louiselle, sa mère.

Ce n'est pas sa seule déception. Pierre éprouve des difficultés à l'école. Au primaire, il était un très bon élève. Il accumulait les bons résultats. Faire son entrée au secondaire dans une nouvelle ville s'avère ardu pour le jeune garçon. Avec le divorce de ses parents, il n'a plus la tête aux études. Sa mère a plusieurs préoccupations ; elle n'a pas beaucoup de temps pour l'aider dans ses devoirs.

Pierre conservera de mauvais souvenirs de cette première année au secondaire. Plusieurs élèves proviennent de milieux difficiles. Dans les classes, les enseignants ont souvent de la difficulté à faire régner la discipline.

Pierre se souviendra particulièrement de l'un de ses cours d'anglais. Son prof avait complètement perdu le contrôle des élèves. La classe entière avait passé une heure à se lancer des gommes à effacer et des boules de papier ! Disons que ce n'est pas cette année-là que l'adolescent aura appris la langue de Shakespeare...

Ces épreuves l'aideront cependant à forger son caractère. « C'est ce qui m'a permis de devenir qui je suis aujourd'hui. Apprendre que les épreuves ne sont pas insurmontables a été le début de tout », racontera-t-il plus tard.

Comme Pierre ne peut plus s'amuser dans la rivière, il développe de nouveaux passe-temps. Et pas nécessairement les meilleurs! Pour se faire des amis dans sa nouvelle école, Pierre accepte de faire des mauvais coups.

À la polyvalente, il existe plusieurs clans. L'un d'eux est mené par les petits Boulay. Les frères ont une mauvaise réputation. Ils volent les légumes dans les potagers du voisinage.

Pierre sait que c'est mal, mais il ne veut pas se mettre à dos ses nouveaux amis. Dès sa première semaine au secondaire, il suit les Boulay dans le quartier. Avec quelques autres jeunes, ils attendent la noirceur pour escalader les clôtures. Ils dérobent les carottes et les autres légumes plantés par les familles du coin.

Non, Pierre n'est pas fier de lui. Mais, à ses yeux, il s'agit de la seule façon de se faire accepter dans son nouveau milieu.

***

À La Baie, Pierre et sa famille vivent dans une habitation à loyer modique, qu'on appelle aussi un HLM. Ce n'est pas facile pour une maman d'élever seule ses quatre enfants. Louiselle coud la plupart des vêtements de ses petits. Ainsi, même si les Lavoie ne roulent pas sur l'or, ils sont toujours bien habillés.

Très jeune, Pierre a développé une passion pour la musique. À sa première année au secondaire, c'est la seule matière qui l'intéresse vraiment. Il a toujours d'excellentes notes dans cette classe! Tellement que sa professeure lui suggère de s'inscrire en musique en deuxième secondaire. Sauf que, avec le retard qu'il a pris dans son cours d'anglais, Pierre ne peut se spécialiser dans sa matière favorite...

L'enseignante profite du cours de musique pour faire essayer plusieurs instruments à ses élèves. Celui dont Pierre raffole, c'est la guitare électrique.

Mais ce n'est pas donné, une guitare électrique. Un jour, Pierre et sa mère vont faire des achats au centre commercial. En passant devant la boutique d'instruments de musique, il en aperçoit une superbe accrochée au plafond. Curieux, il entre dans le magasin, suivi de sa mère. Quand Louiselle voit le prix de la guitare, son cœur se serre.

« Pierre, c'est beaucoup trop cher pour mes moyens... », lui annonce-t-elle avec regret.

Pierre comprend dans quelle situation se trouve sa mère, mais ce n'est pas toujours facile pour lui. Chaque semaine, l'adolescent se rend à l'aréna du coin, le Centre des sports Jean-Claude-Tremblay.

Il regarde ses copains jouer au hockey. Plusieurs évoluent dans une ligue organisée. Comme sa famille n'a pas les moyens de l'inscrire ni de lui acheter des patins, Pierre se contente du rôle de spectateur.

Pierre chaussera des patins pour la première fois bien des années plus tard. À quarante ans, il aura la chance de prendre part à un match de hockey amical avec des joueurs des Alouettes de Montréal, une équipe de football. Peu habile sur ses lames en raison de son manque d'expérience, Pierre se souviendra toujours du quart des Alouettes qui fonce vers lui pour lui enlever la rondelle. Heureusement, face à cet athlète bâti, il y aura plus de peur que de mal!

Mais en attendant ce jour où il patinera enfin pour la première fois, la situation frustre l'adolescent. Cette déception l'habitera longtemps. Mais elle aura aussi du bon pour Pierre. Une fois adulte, ce souvenir l'incitera à s'impliquer auprès des jeunes défavorisés, afin de leur offrir les possibilités qu'il n'a pas eues à cet âge.

4

Amateur de camions

Pierre s'habitue peu à peu à sa vie dans la grande ville. La tranquillité de L'Anse-Saint-Jean lui manque, bien sûr. Mais à quoi bon regretter le passé ? Pierre choisit de regarder vers l'avant.

Au fil de ses études secondaires, l'adolescent voit ses notes s'améliorer. Il aime l'école, mais il doit prendre une décision. Soit il poursuivra ses études au-delà du secondaire, soit il commencera tout de suite à étudier dans un domaine précis pour gagner le marché du travail.

Pierre a toujours aimé les camions. Petit, il adorait que son père lui raconte ses voyages sur les routes du Québec. Et puis, il a hâte de commencer à travailler. Il veut être indépendant financièrement et pouvoir enfin se payer ce dont il a envie.

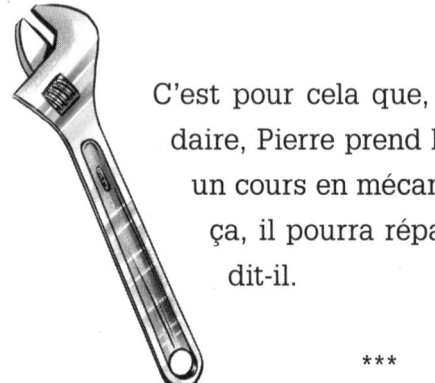

C'est pour cela que, en troisième secondaire, Pierre prend la décision de suivre un cours en mécanique diesel. Comme ça, il pourra réparer des camions, se dit-il.

***

Pierre commence à fumer la cigarette à quatorze ans. Dans les années 1970, fumer était assez commun chez les jeunes de son âge. Ce n'est donc rien d'anormal à l'époque, mais Pierre tente tout de même de se débarrasser de cette mauvaise habitude. Cela n'est toutefois pas aussi facile qu'il le voudrait.

À la fin de l'adolescence, Pierre prend plaisir à sortir et à voir des amis. Comme il aime la guitare, il raffole de la musique rock. Cette passion l'habite encore aujourd'hui. Mais ce n'est pas le seul style de chansons qu'il écoute. En fait, il peut faire jouer à peu près n'importe quoi… sauf de l'opéra !

Dans son cercle d'amis, il y a une certaine Lynne. Pierre la trouve très jolie, avec ses cheveux bruns. Mais comme Lynne est la copine de son bon ami Michel, il n'ose pas le lui avouer ! Déjà que le jeune homme est gêné d'amorcer une discussion avec elle...

Lynne adore courir. C'est l'un de ses passe-temps favoris. À l'époque, ce n'est pas aussi fréquent qu'aujourd'hui. Les joggeurs se font souvent surnommer les « fous en pyjama », lorsqu'ils passent dans la rue, habillés de leur survêtement de sport.

Lynne aime aussi le vélo. Elle se déplace souvent sur sa bicyclette, que ce soit pour aller travailler ou pour rejoindre ses copains. Contrairement à Pierre et à ses amis, elle ne fume pas.

Après quelques mois de fréquentation, Lynne et Michel se séparent. La jeune femme se fait un nouveau copain et elle s'installe avec celui-ci à Chicoutimi, une ville située à une trentaine de kilomètres de La Baie. Lynne reviendra à La Baie un an plus tard... célibataire, cette fois.

Michel sollicite alors l'aide de Pierre pour reconquérir le cœur de sa dulcinée. Mais c'est loin d'être une tâche facile! Pierre a beau être un bon «vendeur», c'est-à-dire qu'il a un talent pour convaincre les gens, Lynne doute encore en l'écoutant parler.

— Pierre, ça ne sert à rien. J'ai laissé Michel pour plusieurs raisons, lui répond la jeune femme.

— Mais Michel a changé! insiste Pierre.

Plus Pierre s'efforce de la convaincre d'accorder une autre chance à son ami, plus ça clique entre Lynne et lui. Ils développent une complicité, une belle chimie.

Le jeune homme trouve son amie très inspirante. Elle lui donne envie de se mettre à la course à son tour. Pierre s'achète donc une paire de souliers de course. Il commence à jogger, dans l'espoir de croiser sa belle. Son parcours est stratégique : à chaque course, il passe devant chez Lynne !

Visiblement, Lynne ne veut plus rien savoir de Michel. Peu à peu, Pierre se met à la courtiser. Michel n'est pas content, mais il ne peut empêcher cette relation naissante. Une idylle qui se transformera en mariage quelques années plus tard.

Avec du recul, Pierre raconte aujourd'hui avec émotion l'impact que Lynne a eu sur sa vie. C'est elle qui lui a donné l'inspiration d'arrêter de fumer. Le jeune homme a vingt et un ans quand il décide d'écraser sa dernière cigarette. Chez lui, c'était difficile de laisser tomber cette mauvaise habitude. L'un de ses frères fumait, ce qui incitait Pierre à faire de même…

Mais l'influence de Lynne ira bien au-delà de la cigarette. « Elle m'a encouragé à changer de mode de vie, et maintenant c'est moi qui inspire des milliers de personnes à faire de même », évoque Pierre avec le sourire.

5

UN TALENT CACHÉ

Aux côtés de Lynne, Pierre a vite la piqûre de la course. Il pratique aussi d'autres sports. L'un de ses favoris est le judo.

Le judo et la course sont deux disciplines complètement différentes. Mais, étrangement, c'est la première qui amènera Pierre à s'adonner à la deuxième sur une base régulière. Lors d'un entraînement de judo, il tombe lourdement sur le sol. Sa clavicule encaisse tout le choc et se fracture. Avec pareille blessure, Pierre est incapable de lever son bras ! Il doit donc abandonner le judo.

Malgré cela, Pierre continue à travailler. À ce moment, il effectue des quarts de travail dans une papetière. Financièrement, les temps sont durs. Le Québec traverse une récession : la croissance économique est faible et les jeunes ont de la difficulté à se trouver un emploi.

Après avoir étudié en mécanique diesel, Pierre s'est tourné vers la mécanique automobile. Il croyait avoir plus de chances de trouver un emploi dans ce domaine, mais c'est ardu, là aussi. C'est pourquoi il a choisi de travailler dans l'industrie du papier.

Comme les conditions de travail sont précaires à cette époque, les horaires de Pierre ne sont jamais fixes. En fait, il lui faudra attendre près de vingt ans après la fin de ses études avant d'obtenir un poste à temps plein dans une usine !

Pierre a un travail, mais il souhaite aussi continuer à être actif. Sachant qu'il aime courir, un de ses amis lui lance un défi : « Pierre, viens faire le tour du lac Saint-Jean à la course avec moi ! »

L'expérience est tentante. Le problème, c'est que Pierre n'a jamais couru pareille distance ! La course se déroule sur 10 kilomètres. Quelquefois, il fait des sorties de quatre ou cinq kilomètres. Mais le jeune homme est orgueilleux.

Le tour a lieu trois semaines plus tard. Pierre décide de se préparer en courant quelques kilomètres. Il ne pense pas faire une longue randonnée. Finalement, quand il rentre chez lui, il réalise qu'il vient de parcourir 15 kilomètres !

Après cette course, Pierre n'aura pas seulement de la difficulté à lever son bras pendant quelques jours… il lui sera aussi pénible de marcher. Mais cela ne l'empêchera pas de reprendre l'entraînement rapidement, en prévision du tour du lac Saint-Jean.

La course est un sport exigeant. Il faut beaucoup d'entraînement avant que le corps soit prêt pour de longues sorties de jogging. Quand Pierre aime quelque chose, il s'y donne à fond. Il ne s'en rend pas encore compte, mais il a un tempérament intense ! À ses débuts, le nouveau joggeur se blesse souvent. Une blessure à un genou le force à abandonner son passe-temps pour quelques semaines.

Plus jeune, Pierre aimait emprunter la bicyclette de sa grande sœur pour faire le tour du village.

Jusque-là, ce sport représentait plutôt un loisir qu'une passion, comme c'est souvent le cas, à cet âge. En ce moment, le jeune homme ne possède pas de vélo.

Mais Pierre a la bougeotte. Sylvain, un ami avec qui il court souvent, en est bien conscient. Il lui lance un défi : participer avec lui au tour à vélo du lac Saint-Jean. Cela n'a rien d'une balade. Le parcours compte des côtes très abruptes. C'est réservé aux cyclistes avertis !

Pierre accepte tout de même. Le tour a lieu dans trois semaines. Il se déroule sur une longue distance : 240 kilomètres ! Comme il n'a pas de bicyclette, Pierre demande à son voisin Denis de lui prêter la sienne.

Pierre s'exerce à vélo pendant les semaines qui précèdent la compétition. Le grand jour, il se présente sur la ligne de départ vêtu d'un t-shirt et d'un cuissard. Il a des souliers de course aux pieds. Quand il aperçoit les autres cyclistes, le jeune homme est intimidé. Ce sont de vrais athlètes ! Ils sont habillés comme les participants du Tour de France, la plus grande compétition cycliste au monde. Même leurs chaussures sont spécialement conçues pour le vélo.

Non seulement Pierre ne porte pas de vêtements adaptés pour cette course, mais son vélo est beaucoup moins performant que ceux des autres compétiteurs. Eux possèdent des engins spécialisés, tandis que le nouveau cycliste enfourche une bécane de randonnée...

Mais Pierre est là pour avoir du plaisir. Il sait bien que, avec si peu d'expérience, ses chances de remporter la victoire sont nulles. Il a quand même écouté avec attention les conseils de Sylvain. Celui-ci lui a dit d'amorcer l'épreuve tranquillement, question d'économiser son énergie.

Une fois le départ donné, tous les cyclistes partent en trombe ! Pierre est largué, mais peu à peu il rattrape le peloton. Les instructions de Sylvain s'avèrent précieuses.

Pierre suit le groupe quand, soudainement, des athlètes chutent devant lui. Ce n'est pas rare lors des épreuves cyclistes. En voyant ses compagnons de course sur le sol, Pierre débarque de sa bicyclette. Un spectateur lui crie alors : « Retourne sur ton vélo ! Continue ! »

Inspiré par ces paroles, Pierre enfourche sa bécane et file. Rapidement, il se retrouve avec les meneurs. Le long du parcours, des gens l'encouragent. En les entendant, le nouveau cycliste ressent une montée d'adrénaline. Son cœur se met à battre très fort et il a un regain d'énergie !

Il tente de prendre la tête, mais il se rend vite compte que, en avant, le vent souffle fort. Il reprend sa place au sein du groupe.

Les cyclistes s'arrêtent à Saint-Félicien pour le dîner. Pierre est déjà satisfait de sa performance. Qui aurait pu croire qu'un cycliste sans expérience comme lui aurait pu arriver à mi-chemin parmi les premiers ?

Une fois le repas terminé, Pierre enfourche de nouveau son vélo. Il sait qu'il doit craindre le dénivelé abrupt de la côte de Saint-Prime. Les meilleurs cyclistes risquent d'en profiter pour s'échapper.

Mais c'est le contraire qui se produit ! Dans la fameuse côte, Pierre prend la tête. Sans s'en rendre compte, il atteint le sommet en premier. Jusqu'à la fin de l'épreuve, le jeune homme se maintient dans le peloton de tête. Il termine le tour au cinquième rang. Même pour un cycliste expérimenté, il s'agirait d'un résultat exceptionnel. Mais Pierre est un néophyte, et il a complété la boucle avec ses souliers de course aux pieds !

6

UNE NOUVELLE PASSION

Pierre a été conquis par sa première épreuve cycliste. Il a envie de recommencer, mais il doit remettre le vélo à son voisin.

Le jeune homme songe à s'en procurer un. Une idée lui vient en tête : Denis, son beau-frère, possède une bicyclette dont il ne se sert jamais. Pierre se dit qu'il va la lui acheter... mais il n'a même pas à le faire. Quand il se rend chez Denis pour lui proposer un prix, ce dernier le complimente sur son jean !

« J'adore ton jean, Pierre ! J'aimerais bien en avoir un pareil. Combien me le vends-tu ? » lui demande son beau-frère.

Dans un éclair de génie, Pierre propose à son beau-frère de lui échanger son jean... contre la bicyclette ! Le voilà donc bien équipé pour d'autres tours cyclistes.

Rapidement, Pierre a besoin de pousser le défi plus loin. Pour lui, avaler des centaines de kilomètres à vélo est assez facile. Le sportif s'en rend vite compte : il a beaucoup d'endurance ! Les gènes de son grand-père, qui remportait des épreuves de bûcherons, jouent à son avantage.

Pierre comprend maintenant pourquoi il avait de piètres résultats aux courses organisées par son école. Les compétitions de vitesse sur de courtes distances n'étaient pas adaptées pour lui. C'est pourquoi il éprouvait tant de difficulté à terminer parmi les premiers quand il courait sur 50 mètres. Pierre se dit que son professeur d'éducation physique aurait dû l'inciter à faire plusieurs fois le tour de l'école à la course. Il aurait pu profiter beaucoup plus jeune de ses aptitudes sportives !

Bientôt, Pierre découvrira une nouvelle discipline où il pourra mettre à profit son endurance. Son ami Arnold est un adepte du triathlon. Ce sport combine trois disciplines : la nage, sur 1 500 mètres, le vélo, sur 40 kilomètres, et la course, sur 10 kilomètres. Le jour où Arnold propose à Pierre de participer à un triathlon avec lui, celui-ci est immédiatement inspiré. Il aime nager depuis l'enfance, il pratique le vélo régulièrement et il a déjà couru de longues distances. Ce sport semble fait sur mesure pour lui !

Mais le triathlon est loin d'être une discipline facile. Il ne suffit pas d'être bon à la nage, à bicyclette et à la course pour y exceller. Il faut savoir bien doser son énergie tout au long de la compétition, qui dure plus de deux heures. D'autre part, les triathloniens sont nombreux et bien entraînés. Le sport fera même son entrée aux Jeux olympiques d'été en 2000.

Pierre a vingt-six ans quand il dispute son premier triathlon, lors d'une épreuve qui se déroule au lac Saint-Jean. Même s'il possède une certaine expérience des compétitions sportives, Pierre ne parvient pas à se démarquer dans cette épreuve. Il termine avant-dernier.

« J'étais vraiment mauvais à la nage, racontera-t-il plus tard. Je me suis dit que je me rattraperais à vélo, mais j'ai été encore pire. Les seules personnes que je dépassais avaient eu une crevaison ! »

Malgré ce résultat, Pierre ne se décourage pas. Il se réjouit d'avoir terminé cette compétition difficile. Avant le départ, l'athlète s'était fixé un seul objectif : arriver au but, peu importe le temps que ça prendrait.

Le coureur a peiné pendant les cinq derniers kilomètres. Il a décidé de les faire à la marche, pour être certain de terminer son triathlon. Mais à la vue de Lynne et de ses amis, réunis au fil d'arrivée, Pierre a repris la course. « Je me suis mis à courir comme un dieu ! » dira-t-il à la fin de la journée. La présence de ses proches l'a amené à se dépasser.

Peu importe le résultat, Pierre a aimé la sensation que lui a procurée la combinaison de ces trois sports. Il décide de s'entraîner plus sérieusement afin de renouveler l'expérience. Il veut voir s'il peut obtenir un meilleur résultat avec une préparation adéquate.

Il ne s'en doute pas encore, mais cette décision changera sa vie à jamais.

7

MARI ET PÈRE DE FAMILLE

Pierre s'accomplit sur le plan physique. Aux côtés de Lynne, il pratique plusieurs sports. En plus de la course et du vélo, il s'adonne désormais au ski de fond durant l'hiver.

La passion de Pierre pour le ski de fond remonte à sa jeunesse. Il a encore en mémoire l'émotion qu'il a ressentie lors de ce cours d'éducation physique où il a chaussé les skis avec sa classe. Pierre se revoit descendre l'escalier menant au sous-sol, où l'équipement était entreposé. Cette seule pensée éclaire son visage d'un sourire.

Un jour, son ami Sylvain l'invite à aller faire du ski de fond avec lui et d'autres copains. Immédiatement, Pierre accepte ! Il s'achète même des skis pour l'occasion.

Mais ce sport peut être très exigeant physiquement. Sylvain propose donc à Pierre de faire avec eux le plus petit circuit, puis de les attendre au chalet avec un bon café pendant qu'ils parcourront la portion plus longue.

Mais une fois qu'il a terminé le trajet le plus court, Pierre n'est pas rassasié. À la grande surprise de Sylvain, il suit le groupe pendant toute la journée !

Plus que la nage, la course et le vélo, le ski de fond est le sport de prédilection de Pierre. Pour lui, c'est le meilleur moyen de rester en forme l'hiver, quand il devient difficile de pratiquer d'autres disciplines.

C'est aussi un sport qui lui permet de panser ses blessures. Glisser sur la neige est moins dur pour le corps que courir sur l'asphalte ! C'est aussi un baume pour l'âme. L'expérience en plein air est une bonne façon d'oublier les tracas du quotidien.

***

Chaque jour, Pierre est reconnaissant à la vie de sa rencontre avec Lynne. Avant de la connaître, il était un fumeur qui ne faisait pas de sport. Les échecs qu'il avait accumulés dans ses cours d'éducation physique à l'école l'avaient découragé de faire ce type d'activité.

Il y avait aussi son milieu. À l'adolescence, sa mère ne pouvait payer pour l'inscrire dans une équipe sportive. Maintenant qu'il est adulte, Pierre peut prendre ses propres décisions et choisir son entourage. C'est d'ailleurs un constat qu'il fera, plusieurs années plus tard.

Cinq ans après les débuts de leur relation, Pierre fait la « grande demande » à Lynne. Ils se marient devant leur famille et leurs amis. Pour l'ancien sédentaire devenu athlète, c'est la meilleure façon de sceller cette union qui a changé sa vie.

Le petit Bruno-Pierre naît trois ans plus tard. Le bébé est pétant de santé. Pour les Lavoie, cette naissance est le début de la grande famille qu'ils veulent avoir. Ils filent le parfait bonheur.

Le couple ne sait pas encore que la vie lui réserve des surprises. De bien mauvaises surprises qui bouleverseront à jamais sa destinée.

8

D'AVANT-DERNIER…
À PREMIER

Depuis sa première expérience de triathlon où il avait fini avant-dernier, Pierre a travaillé fort pour s'améliorer. Il a commencé à s'entraîner avec ardeur, sous les conseils d'un instructeur. Ses bons résultats dans les compétitions font d'ailleurs jaser au Saguenay, où il est désormais reconnu comme un triathlonien très doué.

Sauf que, très vite, malgré la difficulté de cette compétition, un « simple » triathlon est devenu trop facile pour l'athlète. Pierre a besoin d'un nouveau défi.

Ça tombe bien ! En 1992, un Ironman est organisé à Montréal. L'épreuve se déroulera dans les rues de la métropole, dans le cadre des festivités du 350e anniversaire de la ville.

Un Ironman comporte les mêmes disciplines qu'un triathlon, mais étalées sur une plus longue distance. La portion course couvre 42,195 kilomètres, soit l'équivalent d'un marathon ! Et courir seulement un marathon, c'est déjà très dur ! Auparavant, les participants doivent avoir fait 3,8 kilomètres à la nage et 180,2 kilomètres à vélo.

Les meilleurs complètent la compétition en plus de neuf heures. C'est très long pour une épreuve sportive ! Mais avec l'endurance qui le caractérise, Pierre se dit que c'est exactement le genre de défi qu'il cherchait.

Sauf que la préparation pour l'Ironman s'avère très éprouvante ! Une compétition aussi longue doit être prise au sérieux. Pierre s'entraîne des heures et des heures afin d'être prêt pour le grand jour. Ce n'est pas facile : il travaille en même temps dans une usine, et il a une petite famille qui l'attend à la maison.

Le jour de la course, Pierre est un peu nerveux. L'épreuve sera longue et souffrante, il le sait bien.

Mais tous les efforts effectués par Pierre au cours des dernières semaines rapportent. À son premier Ironman, il croise le fil d'arrivée en tête ! Il signe un temps de 9 h 22 min. Il s'agit d'un excellent chrono !

Au cours de sa préparation, Pierre en est venu à l'évidence : conjuguer un entraînement de cette importance et sa vie de famille est trop difficile. Il pense renoncer à ce sport... Mais avec cette victoire, il se met à douter de son raisonnement.

Il est dur de s'arrêter comme ça, après avoir remporté une course ! Et surtout, malgré tout le travail que cela nécessite, Pierre a adoré la compétition. Ça tombe bien. Peu à peu, il recevra des invitations pour aller disputer des Ironman un peu partout dans le monde.

9

UNE NOUVELLE DURE À ACCEPTER

La petite Laurie naît deux ans après Bruno-Pierre. Le joli bébé a les cheveux tout blonds et un sourire charmant.

Pierre et Lynne se réjouissent de l'arrivée de la petite Laurie dans leur vie. Avec leur fillette et leur garçon, les parents sont comblés. Mais, assez tôt, ils constatent que Laurie ne va pas bien. Le poupon est souvent malade.

Le couple se rend à l'hôpital, où leur petite subira une batterie de tests. Les parents y sont depuis deux jours quand tombe l'horrible nouvelle. Laurie est atteinte d'une grave maladie, leur apprend le pédiatre. Selon les pronostics, elle ne fêtera jamais son troisième anniversaire.

Le mal qui afflige le bébé s'appelle l'acidose lactique. En 1993, les médecins connaissent peu cette maladie. Cette dernière affecte principalement les enfants nés au Saguenay–Lac-Saint-Jean. Certaines familles ont perdu trois bambins à cause de cette maladie, pour laquelle il n'existe aucun remède.

Il s'agit d'une maladie héréditaire, apprendra-t-on plus tard. Tant Pierre que Lynne possèdent le gène qui en est responsable. Cela signifie que leurs enfants ont une chance sur quatre d'être atteints de l'acidose lactique. Bruno-Pierre a été épargné, mais pas Laurie, malheureusement...

Les enfants qui naissent avec cette maladie sont souvent fatigués. Ils ont une accumulation d'acide lactique dans leur sang. Ce surplus fait en sorte que tous leurs organes peuvent soudainement cesser de fonctionner : le cœur, le cerveau, les poumons... Ces enfants peuvent mourir en quelques heures, sans avertissement. C'est un stress énorme pour la famille.

Pierre connaît bien l'acide lactique, mais d'une autre façon. C'est lui qui s'installe dans ses muscles en pleine épreuve et qui rend ses triathlons si difficiles. Mais dans ce cas-ci, la douleur est tout autre et elle est encore plus difficile à soutenir.

Devant cette triste nouvelle, Lynne se rend à l'évidence. Elle ne pourra pas recommencer à travailler tout de suite. Elle doit rester à la maison pour s'occuper de sa petite fille, qui peut tomber gravement malade n'importe quand.

Un malheur ne vient jamais seul, semble-t-il. Quelques semaines après ce choc, Pierre en encaisse un autre. Financièrement, les temps sont durs. L'usine pour laquelle il travaille met à pied près de 100 employés. Pierre fait partie du lot.

Perdre son emploi n'est jamais facile, mais cette nouvelle arrive au pire moment pour les Lavoie. Ils viennent d'acheter une maison et une voiture. Lynne ne peut plus travailler, et pourtant la famille a beaucoup de dépenses à éponger. Pour éviter de tomber encore plus malade, Laurie doit boire un lait spécialement adapté et celui-ci coûte cher.

Pierre a connu des moments pénibles pendant son adolescence. Il a dû surmonter l'épreuve du divorce de ses parents, puis le déménagement qui a suivi. Mais rien n'a jamais été aussi difficile que l'annonce de la maladie de sa fille et les semaines qui ont suivi.

10

SOUS LE SOLEIL D'HAWAÏ

Les semaines passent. Grâce à sa médication, Laurie prend du mieux. Elle est une petite fille joyeuse et aimante. Pierre déniche un emploi dans une autre usine. La vie normale reprend peu à peu son cours.

Pierre s'entraîne plusieurs fois par semaine, avec en vue un nouvel objectif. Il veut participer à l'Ironman d'Hawaï. Cette compétition, c'est aussi le rêve de son ami Arnold. Quand ce dernier a parlé de triathlon à Pierre pour la première fois, il avait en tête de prendre part à cette épreuve avec lui un jour.

L'Ironman d'Hawaï est le triathlon le plus prestigieux au monde. Hawaï est un archipel magnifique. Un archipel est un rassemblement d'îles rapprochées les unes des autres. Hawaï en compte 137, dont celle de Kailua-Kona, où se tient la compétition.

L'archipel est un État qui fait partie des États-Unis, même s'il est situé dans l'océan Pacifique, à 3 900 kilomètres des côtes de la Californie. On y parle donc beaucoup l'anglais.

Pierre rêve non seulement de participer à l'Ironman d'Hawaï, mais il aimerait aussi l'emporter dans sa catégorie d'âge. Ce serait un exploit phénoménal, compte tenu de la qualité des athlètes qui luttent pour le titre.

Des légendes de ce sport sont sur place. C'est le cas de Paula Newby-Fraser, une athlète originaire du Zimbabwe, un pays d'Afrique. Paula a remporté sept fois l'Ironman d'Hawaï ! Elle quittera le pays avec une huitième et dernière médaille accrochée à son cou.

***

Quand l'avion se pose à Hawaï, à l'automne 1996, Pierre est confiant. Il s'est bien préparé pour l'épreuve, qui se déroule sous un chaud soleil. Cela rend la compétition particulièrement ardue, surtout la portion de course.

L'Ironman s'avère difficile. Pierre s'accroche à son objectif tout au long de la course. Pour terminer premier parmi les athlètes de son âge, il doit garder le rythme, chasser la douleur.

Pierre parvient à demeurer concentré malgré le mal qui l'afflige. Quand il croise le fil d'arrivée, il est 33e au total. C'est déjà excellent, mais surtout il termine premier parmi les participants de son groupe d'âge. Cet Ironman est une réussite !

Ce succès incitera Pierre à disputer de nombreux autres Ironman. Vingt ans après son premier à Hawaï, il en comptera 31 à son actif. Mais ceux disputés à Kailua-Kona auront toujours une place particulière dans son cœur. Pierre y remportera deux autres titres, en 2004 et 2005, inscrivant à son tour son nom dans l'histoire de cette compétition.

Pierre se réjouit d'avoir trouvé une passion qui le comble. Le problème, c'est que, malgré l'appui de Lynne, il n'est pas toujours facile de concilier ses projets de compétition avec sa vie de famille...

II

LE MOMENT TANT REDOUTÉ

Pierre est très fatigué quand il entre dans sa chambre d'hôtel, ce jour-là. Sous le soleil de l'Arizona, la journée d'entraînement a été éprouvante. Dans cette région des États-Unis, le mercure peut facilement atteindre les 40 degrés Celsius. On y trouve des palmiers… et des déserts. Il fait chaud, peu importe les circonstances, mais surtout quand on s'entraîne à vélo ou à la course.

Pierre a choisi de s'entraîner dans cette région pour se préparer pour ses compétitions disputées dans des conditions de chaleur intense. Comme celle d'Hawaï, par exemple. Pendant ce temps, Lynne, Bruno-Pierre et Laurie sont restés au Saguenay.

Dès qu'il pose le pied dans la chambre d'hôtel, le téléphone sonne. Au bout du fil, c'est un médecin. Immédiatement, Pierre sent que quelque chose ne va pas. Le ton du médecin est empreint d'une grande tristesse. Le cœur de Pierre se serre. Que se passe-t-il?

Le pédiatre lui apprend l'atroce nouvelle: la petite Laurie est décédée. Elle jouait paisiblement dans le salon de la résidence familiale quand, soudainement, son état s'est détérioré.

Le papa est sous le choc. La peine qui l'afflige est immense. «Comment est-ce possible?» se demande-t-il. Bien sûr, Laurie souffrait de l'acidose lactique depuis sa naissance. Mais les enfants qui en sont atteints meurent généralement avant l'âge de deux, voire trois ans. Or, Laurie avait maintenant quatre ans. Depuis un moment, ses parents croyaient qu'elle avait été épargnée. «Elle est notre petit miracle», se disaient-ils.

En plus d'être dévasté, Pierre se sent coupable. Sa petite fille est décédée, tandis que lui s'entraînait pour des triathlons, à des centaines de kilomètres de la maison. Il n'était pas à ses côtés quand elle souffrait. Au fond de lui, Pierre ne s'en remettra jamais vraiment.

Ce qu'il ne sait pas encore, c'est qu'il vivra une douleur pareille dans le futur.

***

Raphaël naît un an après le départ de la petite Laurie. Pierre et Lynne ont vite un mauvais pressentiment. Les premiers résultats des tests ne montrent rien de négatif, mais, peu à peu, le garçon montre les mêmes symptômes que leur petite fille. Pour les parents, tout cela a un air de déjà-vu et c'est très douloureux à vivre.

Le diagnostic tombe: comme sa sœur disparue, Raphaël est atteint d'acidose lactique. Les parents sont assommés par la nouvelle. On dirait que le sort s'acharne sur leur famille! La mort de Laurie a été si douloureuse pour le couple. Pierre et Lynne refusent de croire qu'ils vivront encore un tel drame...

En 1998, en plus du petit Lavoie, dix autres bambins du Saguenay vivent avec la terrible maladie. Des recherches révèlent que, dans la région, une personne sur vingt-deux est porteuse du gène. À l'époque, cela représente 14 000 Saguenéens. Tous l'ignorent, car il n'existe pas encore de test de dépistage...

Accablé par la mort de Laurie et la peur de perdre Raphaël, Pierre veut contribuer à faire connaître cette terrible maladie. Mais comment s'y prendre? Il n'est ni médecin ni chercheur. Il est un travailleur d'usine qui possède une fabuleuse endurance physique.

Un jour, Pierre a une idée. Et s'il mettait ses talents d'athlète au profit de la maladie ? Pierre peut rouler à vélo sur de longues distances. À bicyclette, il pourrait sillonner le Saguenay afin de faire de la sensibilisation à l'acidose lactique auprès des résidents de la région !

Pierre en parle avec Lynne et quelques amis. Tous l'appuient dans sa démarche. Pierre entreprend donc un tour du Saguenay. Comme celui qu'il a fait des années plus tôt, avec ses souliers de course et son vélo de randonnée. Mais cette fois, le but n'est pas de s'amuser ni de tester ses limites.

L'objectif est d'éviter que d'autres enfants naissent, comme Laurie et Raphaël, privés de l'espoir de devenir un jour des adultes.

12

LE PREMIER GRAND DÉFi

Raphaël est âgé de treize mois lorsque Pierre enfourche son vélo pour faire le tour du Saguenay. En ce mois de septembre 1999, on assiste à la naissance de ce qui deviendra le Grand défi Pierre Lavoie.

Mais on est loin des milliers de participants qu'attire le tour cycliste aujourd'hui! Pierre part seul sur sa bicyclette pour une longue, très longue randonnée de 650 kilomètres. C'est énorme : lors d'un Ironman, il parcourt presque trois fois moins de kilomètres.

Pierre se donne vingt-quatre heures pour compléter la distance. Sur la ligne de départ se trouve une poignée de personnes. Il y a Lynne, quelques amis et un photographe qui immortalise le moment. Pendant la course, Pierre sera suivi par un cameraman : son ami Germain filmera son épopée depuis une voiture.

Germain est réalisateur pour la chaîne télévisée Radio-Canada. Les deux hommes se sont rencontrés lors d'un Ironman à Hawaï, où Germain voulait réaliser un reportage sur les prouesses de Pierre.

Durant son parcours, le cycliste s'arrêtera de ville en ville afin de sensibiliser les habitants à l'acidose lactique. Il ne fera aucune sollicitation. Ce n'est même pas nécessaire! Lorsqu'il s'arrête dans leur municipalité, les résidents sont curieux de rencontrer l'athlète.

Il faut dire que Pierre est bien connu dans la région. Les Saguenéens sont très au fait des Ironman qu'il a disputés. Ils connaissent aussi son implication auprès des enfants malades : deux ans auparavant, Pierre a été élu président de l'Association de l'acidose lactique. Il en est membre depuis 1994, soit peu après avoir appris que Laurie était atteinte de la maladie.

Ce n'est pas un mandat facile. Il faut faire connaître la maladie, trouver des moyens d'amasser des fonds. À plusieurs occasions, Pierre a eu envie de baisser les bras. Il a songé à remettre sa démission, à passer le relais à quelqu'un d'autre. Mais il est resté en poste. Il ne veut pas abandonner le navire. Cette cause lui tient trop à cœur !

Même sans demander d'argent, Pierre amasse 25 000 $ lors de son premier Défi. Lorsqu'il descend de son vélo, l'homme est épuisé par l'effort physique qu'il vient de déployer. Mais il est comblé devant l'implication de ses concitoyens. Pierre avait amorcé le tour seul. À l'arrivée, ils sont plusieurs cyclistes à pédaler avec lui.

Même sans publicité et avec une toute petite équipe autour de lui, Pierre peut déclarer « mission accomplie » ! Ce premier Défi est un succès. Il se promet de recommencer l'année suivante et d'amasser encore plus d'argent pour la cause.

13

ADIEU, RAPHAËL

Les Lavoie savaient que c'était inévitable. Ils avaient déjà vécu le pire avec Laurie. Pierre et Lynne étaient bien conscients que Raphaël ne fêterait sûrement jamais son deuxième anniversaire.

Les parents avaient malheureusement raison. À vingt mois, leur garçon s'éteint dans une chambre de l'hôpital Sainte-Justine. Comme sa sœur, quelques années auparavant, il est emporté par l'acidose lactique.

Cette fois, Pierre est aux côtés de Lynne lorsque les yeux du petit se ferment pour la dernière fois. Les parents savaient que la fin arrivait. Ils avaient passé les derniers mois à l'hôpital, au chevet de leur fils.

Les Lavoie quittent l'endroit le cœur dévasté. On ne s'habitue jamais à pareille douleur, se disent-ils. Lorsqu'ils retournent vers leur voiture, Pierre et Lynne sont accompagnés de Germain et de sa conjointe. Dès son arrivée à Montréal, Pierre avait appelé son ami Germain. Ce dernier les a épaulés en ces heures difficiles.

Des années plus tard, Pierre évoquera ce moment quand il parlera de son amitié avec Germain : « Ça nous a soudés pour la vie. »

Les Lavoie embarquent dans leur fourgonnette. La route sera longue jusqu'à La Baie. Ils doivent rouler pendant quatre heures pour rentrer chez eux. À l'arrière du véhicule se trouve encore le siège d'enfant du petit Raphaël. Il restera vide. La scène est infiniment triste.

Sur le chemin du retour, Pierre est absorbé par ses pensées. Y a-t-il un sens à tout ce chagrin ? Comment peut-il poursuivre le combat de son fils ? Il réfléchit au premier Grand défi, qui a été un succès. Il souhaite en organiser d'autres. Le prochain sera en l'honneur de Raphaël. « Il faut continuer sa bataille ! » se dit Pierre.

Mais Pierre veut aussi trouver d'autres moyens d'améliorer la santé des jeunes. Au-delà de l'acidose lactique, il veut inciter les enfants du Québec à bouger et à se mettre en forme. Pour ce faire, il aura besoin de l'aide de Germain. Et son ami embarquera volontiers dans le projet !

Pierre et Germain sont très différents. Le premier est connu pour son sourire et sa bonne humeur. C'est un homme rassembleur, doté de beaucoup de charisme. Germain est plus réservé et il a des qualités de gestionnaire. Mais, tout comme Pierre, Germain se dévoue pour la cause de l'acidose lactique. Il a trop vu son bon ami souffrir de la perte de ses petits.

***

Toute sa vie, Pierre remerciera ses enfants disparus pour ce qu'ils lui ont appris bien malgré eux. La mort de Laurie lui a donné le courage de s'impliquer auprès de l'Association de l'acidose lactique. « Elle m'a permis de devenir un bon président », dira-t-il des années plus tard.

Dans ses conférences, Pierre explique que Raphaël avait une mission. « Il devait me botter le derrière, dit-il devant des salles bondées. Quand il est né, personne ne connaissait cette maladie. Et quand il est parti, tout le monde était sensibilisé, notamment grâce au Grand défi. »

Cela ne remplacera jamais ses deux petits anges, mais si ça peut permettre d'en sauver d'autres, Pierre aura réussi sa mission.

14

LA QUESTION
QUI CHANGE TOUT

La première édition du Grand défi Pierre Lavoie est suivie d'une deuxième, l'année suivante. Après les 25 000 $ récoltés en 1999, Pierre amasse 89 000 $ lors du second tour cycliste.

Le mouvement prend de l'ampleur. La troisième année, Pierre accumule 152 000 $. C'est six fois plus que lors de son premier Défi! Ce montant double encore lors de la quatrième édition. Pour un homme qui est parti de rien pour appuyer la cause lui tenant à cœur, c'est tout simplement phénoménal.

Pierre poursuit aussi son deuxième objectif. Il fait le tour des écoles du Saguenay afin de sensibiliser les enfants à l'importance de l'activité physique. L'athlète se dit que, s'il peut les motiver à un jeune âge aux bienfaits du sport, ils développeront de saines habitudes qu'ils garderont pour le reste de leur vie.

Pierre aime la curiosité des écoliers. Dans ses conférences, il leur parle de sport, mais aussi de sa famille et de ses enfants disparus. Parfois, pour leur expliquer des phénomènes plus complexes, il fait des comparaisons avec la mécanique automobile. Ce domaine qu'il a étudié des années plus tôt lui sert encore! Il fera de même lorsqu'il donnera des conférences dans des entreprises.

Pierre est reconnu comme un très bon vulgarisateur. Il a de la facilité à simplifier des phénomènes compliqués. Il est aussi réputé pour son charisme. Quand il commence à parler, les jeunes sont vite suspendus à ses lèvres. Il a un réel talent de conférencier!

« Regardez la photo. L'homme avec la moustache, c'est moi. C'était la mode, en 1989! » se moque-t-il.

Mais Pierre est aussi chanceux. Dans les classes où il passe, les jeunes sont souvent très attentifs et curieux. Plusieurs posent des questions. Un jour, Pierre se trouve dans une école. Il vient d'expliquer aux enfants son Grand défi quand une main se lève dans la classe.

« Monsieur Lavoie, est-ce que je peux faire le défi avec vous ? » lui demande un garçon.

Pierre est surpris par la question. Faire le défi avec lui ? Pierre roule pendant 650 kilomètres sans s'arrêter ! Ça lui semble beaucoup trop pour un jeune de cet âge...

Pierre réfléchit un instant avant de répondre. Et si le gamin pédalait un kilomètre avec lui ? Il pourrait venir accompagné de ses camarades de classe, et tous pourraient rouler cette distance à ses côtés. Ensemble, ils pourraient goûter au plaisir de la randonnée cycliste.

La proposition est acceptée à l'unanimité. Quand Pierre s'arrêtera dans leur village, une trentaine de jeunes l'attendront pour une promenade d'un kilomètre à vélo.

Mais pour pouvoir faire du vélo avec Pierre, les jeunes devront travailler un peu. Ils s'engageront à faire de l'activité physique pendant un mois, trois fois par semaine. Chaque séance devra durer au minimum 15 minutes.

Ainsi, Pierre atteindra deux buts. Il fera connaître son Défi tout en faisant bouger les enfants. Cette préoccupation lui tient à cœur depuis si longtemps…

De cette question en apparence banale naîtront les bases des cubes d'énergie. Aujourd'hui, dans la majorité des écoles de la province, les élèves peuvent amasser un cube d'énergie à chaque tranche de 15 minutes d'activité physique. Ça peut être de la course, de la marche, du saut à la corde.

Plus les jeunes récoltent de cubes, plus leur école a de chances de remporter le grand prix : un week-end de sorties à Montréal !

15

LE PETIT MIRACLE

Pendant que Pierre transmet son message dans les écoles et les entreprises de la région, Lynne a aussi une nouvelle à annoncer. Elle est enceinte ! Mais pour le couple, cette grossesse n'est pas seulement synonyme de joie. Elle est accompagnée de questions et d'inquiétudes. Les parents ont perdu deux enfants à cause de l'acidose lactique. Ils redoutent de donner naissance à un autre bébé atteint de la maladie.

Grâce aux efforts de Pierre, il existe depuis 2003 un test de dépistage de l'acidose lactique. Celui-ci détecte si les parents sont porteurs du gène à l'origine de la maladie. Si les deux parents le sont, les risques d'avoir un enfant malade sont plus grands.

Avec du recul, Pierre considère ce test comme sa plus belle réalisation. Bien sûr, le mérite revient en grande partie aux scientifiques qui ont travaillé fort pour découvrir le gène fautif. Mais sans les sommes amassées par Pierre grâce à ses Grands défis, il aurait peut-être fallu attendre plusieurs années pour le trouver. Des chercheurs croient même que les efforts fournis par Pierre ont permis d'identifier le gène dix ans plus tôt!

Tant Lynne que Pierre sont porteurs du fameux gène. Voilà ce qui explique pourquoi deux de leurs enfants sont nés avec la terrible maladie. Par chance, les examens révèlent que la petite Joly-Anne est en parfaite santé!

Pour le couple, la venue de la fillette est inespérée. Pierre a traversé plusieurs épreuves dans sa vie, mais rien ne se compare à la perte de ses deux enfants. L'arrivée de Joly-Anne met un baume sur ses plaies, et sur celles de sa femme.

C'est aussi une récompense. Joly-Anne leur rappelle qu'ils n'ont jamais baissé les bras. Malgré les embûches auxquelles ils ont fait face, Pierre et Lynne n'ont jamais perdu leur optimisme.

Dans le sourire de Joly-Anne, Pierre revoit celui de Laurie. La ressemblance entre les deux fillettes est frappante. Souvent, Lynne compare des photos de ses deux petites filles au même âge. Quand elle les montre à des amis, ceux-ci sont incapables de les différencier.

Pierre et Lynne savent bien que leurs deux fillettes sont complètement différentes. L'une s'est battue le plus longtemps possible pour vivre. L'autre est pleine d'énergie. Mais cette ressemblance permet aux Lavoie d'évaluer tout le chemin parcouru depuis le départ de leur petit ange, sept ans plus tôt.

16

UN APPUI DE TAILLE

Après quatre éditions réussies du Grand défi autour du Saguenay, Pierre et Germain ont envie d'élargir leurs horizons. Quelques années auparavant, Germain a abandonné son travail à Radio-Canada. Il voulait consacrer tout son temps à aider Pierre dans son organisation.

Le Grand défi est bien connu partout dans la région. D'ailleurs, grâce à son implication et à ses prouesses sportives, Pierre se fait reconnaître lorsqu'il se promène au Saguenay–Lac Saint-Jean. Certains le qualifient même de « demi-dieu » ! Cependant, Pierre reste humble. Il sait qu'il a un grand talent pour les sports d'endurance, mais ce qui compte pour lui, c'est de l'utiliser à bon escient.

Les deux amis aimeraient maintenant étendre le Grand défi à l'échelle de la province. Après tout, la lutte aux maladies héréditaires ne se résume pas à leur région. Ils aimeraient aussi inciter tous les enfants du Québec à bouger plus.

En 2007, Pierre sollicite l'aide de ses collègues de travail. Pierre est alors un employé de l'usine Consolidated Bathurst. Il travaille sur une machine à papier. Une dizaine de collègues acceptent de travailler avec lui pour accroître la portée de son Grand défi.

Mais il lui faut aussi trouver un appui majeur. Pour amener l'organisation à la prochaine étape, Pierre a besoin d'un commanditaire bien connu. De cette façon, le Grand défi fera parler de lui davantage.

***

Pierre a une grande qualité : il s'exprime de façon convaincante. Plus jeune, il a réussi à persuader ses patrons de lui accorder un congé de plusieurs mois, afin qu'il puisse se concentrer sur sa cause. Quand Pierre parle, il touche rapidement les gens.

Il fait la même chose avec les dirigeants de Chlorophylle. Chlorophylle est une entreprise du Saguenay qui fabrique des vêtements de plein air. Pour un homme qui aime bouger comme Pierre, c'est le partenaire idéal !

Pour commencer, Pierre veut développer un projet spécial pour les jeunes. Il veut construire une scène mobile qu'il pourra déplacer partout au Québec. De l'Abitibi à la Gaspésie, les jeunes pourront bouger grâce à celle-ci. Sur la scène seront installés des vélos stationnaires.

Pierre convainc Chlorophylle de construire une tente pour habiller une grande scène. Comme ça, même s'il fait -30 degrés Celsius, les jeunes pourront pédaler. Sur celle-ci, douze vélos stationnaires sont installés. Ils sont fournis par une autre compagnie : Devinci, qui fabrique des bicyclettes.

Même les Canadiens de Montréal sont impliqués dans le projet ! Des employés de l'équipe sportive développent un logiciel qui permet aux jeunes cyclistes de suivre leurs progrès.

***

Après les entreprises, Pierre cible les médecins. Si le Québec devient plus actif, le domaine de la santé y gagnera, se dit-il.

Devant un groupe de professionnels de la santé, Pierre donne une conférence. Son allocution ressemble à celle qu'il présente aux écoliers et aux employés d'entreprises. Les propos de Pierre produisent leur effet. Les médecins appuient son projet. Maintenant, il leur est possible de prescrire de l'activité physique à leurs patients!

Pierre et son acolyte Germain développent vite un grand réseau de contacts. Même le gouvernement du Québec se met de la partie. Pour Pierre, c'est comme un rêve. Le petit gars qui jadis ne pouvait pas jouer au hockey reçoit des appuis de partout pour inciter les autres à se dépasser physiquement.

Même s'il rencontre des gens très importants, Pierre ne perd pas de vue son passé. Il sait qu'il a grandi dans un milieu défavorisé et qu'il n'a pas pu réaliser certains de ses projets, faute d'argent. « C'est quelque chose qui me tient à cœur aujourd'hui », dit-il souvent. C'est pourquoi le Grand défi s'implique auprès des enfants plus pauvres. Il veut aider ces jeunes à essayer différents sports, pour qu'ils puissent découvrir ce qu'ils aiment.

Peu à peu, Pierre se rend à l'évidence. Il doit laisser tomber son emploi en usine pour se consacrer uniquement au Grand défi et à tout ce qui en découle. Sa mission grandit et Pierre doit s'y vouer entièrement.

17

1 000 KILOMÈTRES À VÉLO

Depuis longtemps, Pierre a une idée en tête. Au fil des ans, de plus en plus de cyclistes du Saguenay se sont joints à lui pour son Grand défi. Ce qu'il aimerait maintenant, c'est en réunir des centaines pour un tour qui partirait de La Baie et se terminerait à Montréal.

Mais pas n'importe où à Montréal. Pierre vise le Stade olympique. Après tout, existe-t-il plus bel emblème sportif qu'un endroit qui a déjà accueilli les Jeux olympiques ?

Le cycliste a déjà roulé 650 kilomètres en 24 heures. Il vise maintenant les 1 000 kilomètres, mais sur trois jours. Le chiffre est symbolique. Mille kilomètres, ça frappe l'imaginaire ! Pierre compte manger sur son vélo. Pendant les trois jours et deux nuits que durera la randonnée, il ne dormira pas.

Les gens à qui il parle de son idée le trouvent complètement fou. Trois jours de vélo ? C'est impossible ! Justement, Pierre veut inciter les jeunes, et les moins jeunes, à dépasser leurs limites. Pour cela, il veut aussi repousser les siennes.

***

Peu à peu, le projet se concrétise. Pierre n'en revient pas. En juin 2009, son Grand défi sortira des frontières de sa région. Ils seront des centaines à rouler avec lui de La Baie à Montréal. Des centaines ! Pierre a encore en tête ce premier tour du Saguenay, alors qu'il a pris le départ seul devant sa famille et ses amis.

Pierre aimerait dire que tout cela va au-delà de ses espérances, mais ce serait mentir. En fait, c'est en plein ce que souhaitait l'ambitieux organisateur.

Dans les médias de Montréal et de Québec, Pierre parle de son « nouveau » Grand défi. D'anciens joueurs des Canadiens, comme Guy Carbonneau et Stéphane Quintal, seront de la partie. Au total, 90 équipes de 5 cyclistes prendront part à l'aventure. Pierre fera presque toute la distance, tandis que les athlètes des autres équipes se relayeront.

LCN, une chaîne de télévision qui présente des nouvelles en continu, diffusera des images du départ. Le site Internet de la station présentera toutes les étapes du parcours. C'est gros !

***

Pierre se prépare bien pour cette longue randonnée. Pas question de flancher ! Pendant quelques jours, il part s'entraîner en Arizona, comme il le fait parfois avant de prendre part à de grandes compétitions. Puis, il dispute le triathlon de Mont-Tremblant.

Les semaines précédant le grand événement sont éprouvantes : en plus de l'entraînement intense, il doit finaliser tous les préparatifs. Malgré cela, Pierre se sent en grande forme au moment de prendre le départ. Sa seule crainte est le manque de sommeil.

Pour éviter de s'endormir sur son vélo, le cycliste s'est bien entouré. Son ami Benoît, lui aussi un triathlonien, le suit de près. Quand Pierre sent qu'il s'endort, il lui demande de lui parler.

Même si Benoît est très endurant, il est impressionné par les aptitudes physiques de son camarade. « T'es une machine de guerre ! » s'exclame-t-il.

Pierre ne compte pas seulement sur l'aide de son ami pour le réveiller. Dans chaque ville et village où le Grand défi s'arrête, l'ambiance est à la fête. Pierre est fouetté par l'enthousiasme des spectateurs.

***

Entre chaque étape, les cyclistes prennent une pause de vingt minutes. Les équipes en profitent pour se relayer. Ceux qui ne roulent pas suivent le tour dans une caravane. Pierre, lui, utilise ce moment pour prendre un bain de glace, afin de revigorer ses muscles.

Tout est chronométré. Le bain dure dix minutes. Il a environ huit minutes pour manger et changer de survêtement, puis deux minutes pour se rendre au départ, en route vers l'étape suivante !

Lorsque les cyclistes entrent au Stade olympique, le dimanche après-midi, c'est la consécration. Pierre est en tête. Les caméras de télévision suivent son arrivée et les appareils photo sont à l'œuvre. Mais ce qui rend Pierre le plus fier, ce sont les enfants réunis dans le stade.

Ils sont 5 000 jeunes à attendre l'arrivée de leur héros. Auparavant, ils ont passé la nuit à faire du camping dans le stade. Ces enfants ont gagné leur place grâce à leurs efforts physiques. Ils ont bougé 15 minutes par jour pour obtenir leurs cubes d'énergie. Leur école a été sélectionnée parmi toutes celles qui ont participé au concours.

La simple question posée par un garçon dans une école du Saguenay a donc porté ses fruits. Lorsqu'il grimpe sur l'estrade pour faire son discours, Pierre est épuisé. Ses jambes sont fourbues, mais un large sourire illumine son visage. Il a réussi ses deux objectifs : rouler pendant 1 000 kilomètres… et faire bouger tous ces jeunes.

« Ça a été très difficile, lance Pierre devant la grande foule. Je n'ai dormi que trente minutes en deux jours, mais ça en valait la peine ! »

« Si j'ai fait ça, c'est pour vous, dit-il aux enfants réunis devant lui. Nous avons peur pour votre santé. Nous voulons que vous preniez soin de vous et que l'activité physique fasse partie de votre quotidien. »

Dans un élan de joie, il prend sa petite Joly-Anne dans ses bras et brandit le poing. Cette victoire, c'est celle de toute sa famille. C'est aussi celle de Laurie et de Raphaël qui, sans le savoir, ont amené leur père à se dépasser.

18

UN DERNIER TOUR DE PISTE

D'année en année, le Grand défi a pris de l'ampleur. Devant pareille réussite, Pierre n'a pas le choix. Il doit organiser une deuxième édition de son nouveau Grand défi à 1 000 km. De toute façon, c'était son souhait.

Le nombre de participants augmente lors de la deuxième année. Le nombre de cubes d'énergie amassés par les jeunes aussi. De nouveau, c'est un franc succès. L'organisation procède tout de même à quelques changements : le trajet est un peu modifié, question de visiter plus de municipalités, et… les cyclistes ont plus de temps pour dormir !

Au fil des ans, le Grand défi devient une tradition du mois de juin au Québec. Les personnalités adeptes de vélo sont de plus en plus nombreuses à s'inscrire. Dans les écoles de la province, Pierre Lavoie est bien connu. Près de

60 % d'entre elles récoltent aujourd'hui des cubes d'énergie.

Pierre reçoit beaucoup de témoignages. Ceux qui le touchent particulièrement viennent des parents qui ont vu leur vie changer grâce à leurs jeunes. Pierre se souvient d'un homme qui l'a abordé en lui montrant une vieille photo. En suivant ses enfants, il a perdu 70 livres !

***

À l'approche de l'Ironman d'Hawaï, en octobre 2013, Pierre prend une décision importante. Cette compétition sera la dernière du genre dans sa carrière. Le Grand défi lui demande beaucoup de temps, et il veut se dévouer totalement à sa cause. Ce genre de triathlon nécessite 30 heures d'entraînement par semaine. C'est trop !

Pierre a connu de grands moments dans cet archipel du Pacifique. Il a remporté l'épreuve dans sa classe d'âge à trois occasions. Cette fois, il aimerait devenir champion du monde chez les 50 ans et plus.

Ils sont nombreux à assister à cet ultime Ironman. Il y a bien sûr Lynne, Bruno-Pierre et Joly-Anne. Une trentaine de collègues de Pierre ont aussi fait le voyage jusqu'à Kailua-Kona. Josée, la meilleure amie de Lynne et marraine de Joly-Anne, est également de la partie. Elle était présente au premier Ironman de Pierre, à Montréal. Elle voulait aussi y être pour son dernier et en profiter pour nager en compagnie de sa filleule.

Des journalistes du Québec sont là pour recueillir les commentaires de l'athlète. Tant les performances sportives que l'implication de Pierre font couler beaucoup d'encre dans la province depuis quelques années.

***

Une fois arrivé à Hawaï, Pierre n'a pas juste le sport en tête. Il veut profiter de cette occasion pour renouveler ses vœux de mariage avec Lynne. Après lui avoir donné la piqûre de la course, elle l'a soutenu et accompagné tout au long de sa carrière d'athlète. L'instant est parfaitement choisi.

Pierre est nerveux. Il a peur que sa dulcinée se doute de sa surprise ! Mais ce n'est pas le cas. Lorsqu'il amène Lynne sur la plage, elle croit simplement que son mari souhaite aller s'entraîner dans l'océan. Mais non ! Une fois les deux pieds dans le sable, Pierre lui passe une couronne de fleurs autour du cou.

Leurs deux enfants et tous leurs amis se trouvent au bord de la mer. Quel moment romantique !

***

Le mariage a lieu le mercredi. Après toutes ces émotions, Pierre poursuit sa préparation. Il nage dans la mer avec son ami Martin. Ce dernier prendra aussi le départ, le dimanche suivant. Au total, ils sont 2 100 triathloniens à disputer l'épreuve, dont 30 Québécois.

Le samedi, Pierre et sa petite famille se lèvent à 4 h. Il fait encore très noir ! Ils se rendent tous ensemble sur les lieux du départ pour 4 h 45. Peu à peu, l'île s'anime. C'est une grande journée, un rendez-vous annuel.

Avant le départ, Pierre donne un dernier baiser à Lynne, pour se porter chance. L'athlète est un peu plus stressé que d'habitude. Il ne veut pas décevoir tous ces gens venus de si loin pour le voir compétitionner.

Il pense aussi à Laurie et à Raphaël. Ses petits anges lui donneront l'énergie nécessaire pour compléter la course, qui est toujours très difficile.

Effectivement, dès le départ ce n'est pas facile, car Pierre a déjà mal aux jambes. Il sort de l'eau au 18e rang de sa catégorie d'âge, les 50-54 ans. Au vélo, Pierre s'en sort un peu mieux. Il termine neuvième, puis se reprend à la course. Encouragé par ses proches, le Québécois finit *au deuxième rang parmi les athlètes de son âge* et premier parmi ses compatriotes québécois !

Pierre peut dire « mission accomplie » ! Il espérait faire ce dernier Ironman en moins de 9 h 30 min. Il a complété le triathlon en 9 h 23 min. C'est une grande performance... et il a battu le record du monde dans sa catégorie d'âge !

Après avoir croisé le fil d'arrivée, Pierre peine à marcher. Il a besoin de l'aide d'un responsable pour se rendre à l'aire de repos, où on lui fait lever les jambes pour améliorer sa circulation sanguine.

C'est de là qu'il répond aux questions des journalistes. « Je ne pense pas revenir ici, dit-il. J'ai fait dix championnats du monde. Mais mes plus belles médailles, ce ne sont pas celles-ci. »

Pierre fait bien sûr référence à ses Grands défis et à son implication auprès des jeunes.

Tout au long de la course, Pierre a tenté de chasser la douleur en se disant qu'il s'agissait de son dernier Ironman. Mais ça ne marchait pas. Il avait bien trop mal aux jambes! Sauf que le nouveau retraité sait bien qu'il oubliera vite tout ce mal. Après trois jours, il ne pensera plus qu'à son accomplissement. S'il a le temps! Car de nombreux défis l'attendent encore.

Lynne, elle, quitte Hawaï avec un peu de tristesse. Depuis vingt ans, elle suit son homme à travers le monde, où elle assiste à ses compétitions. « Les journées d'Ironman ont toujours été les plus belles de ma vie », a-t-elle souvent dit.

Qui sait ? L'aventure n'est peut-être pas vraiment terminée...

19

DE LA NERVOSITÉ AU SOULAGEMENT

Au moment de prendre le départ de son Grand défi, en juin 2016, Pierre est plus nerveux que d'habitude. Au cours des dernières semaines, son organisation a fait l'objet d'articles dans les journaux. Cette fois, ce n'était pas pour souligner les exploits de Pierre et de son équipe. Les quotidiens s'attardaient plutôt à son fonctionnement, à l'utilisation des sommes amassées depuis 1999.

Au fil des ans, le Grand défi a récolté plusieurs millions. Comme il s'agit d'un organisme sans but lucratif, il n'est pas censé garder l'argent des profits dans ses coffres. Mais Pierre se défend. Son organisation a des projets, et ces sommes seront utilisées pour les réaliser. Il veut aussi prévenir les imprévus, comme la perte d'un commanditaire. Le but est que le Défi puisse avoir lieu pendant encore plusieurs années.

Parmi ses projets, il y a la tenue d'un événement semblable dans la province voisine, l'Ontario. Après avoir fait le tour du Québec à plusieurs reprises, Pierre aimerait sensibiliser les jeunes Ontariens à l'importance de l'activité physique.

***

Comme chaque fois, ils sont plus de 1 000 à attendre le départ. Les cyclistes sont entourés de caméras qui filment leur rassemblement. C'est évident : peu importe ce qu'il s'est écrit à son sujet récemment, le Grand défi Pierre Lavoie est devenu un événement incontournable au Québec.

Cette année, le Grand défi s'annonce très dur. Les premières côtes du parcours sont abruptes. Même s'ils sont plusieurs centaines à y prendre part, le tour est conçu pour des cyclistes expérimentés.

Cela n'empêche pas des athlètes, des comédiens et des humoristes d'être du lot. Philippe Laprise tenait à participer à cette édition du tour cycliste. Converti au vélo l'année précédente, le comique a

perdu une soixantaine de livres depuis ! Ce sport l'aide aussi à calmer son trouble du déficit de l'attention, également appelé TDAH. Philippe est originaire d'Arvida, au Saguenay. Le Grand défi lui tient donc particulièrement à cœur.

« Ça me fait du bien de prendre du temps et de rouler pour brûler mon énergie », dit-il.

Ce genre de témoignage touche Pierre. Après tout, inciter les gens à bouger et à changer leurs habitudes de vie, c'est la mission première de son défi.

***

De ville en ville, les cyclistes sont attendus par des spectateurs venus les encourager. Cet accueil chaleureux touche beaucoup les participants, qui dépensent une tonne d'énergie au cours de leur traversée du Québec.

Mais l'accueil le plus chaleureux, ils le reçoivent encore une fois à l'arrivée au Stade olympique de Montréal. À nouveau, l'emblème des Jeux de 1976 est le fil d'arrivée du Grand défi. Ils sont plusieurs centaines à attendre leurs proches pour les féliciter. Quand Pierre entre dans le stade, il est de nouveau accueilli en héros. Les gens massés le long des clôtures veulent lui taper dans la main pour le féliciter.

Malgré les critiques qui ont précédé le début du tour, plusieurs records sont établis au cours de cette édition. Au total, Pierre et les cyclistes ont amassé 3 millions de dollars pour les écoles primaires du Québec. Les sommes servent à financer des activités favorisant l'adoption de saines habitudes de vie. Les cyclistes ont aussi récolté 700 000 $ pour la recherche entourant les maladies génétiques.

Quelque 7 000 cyclistes ont aussi participé à la Boucle de 130 kilomètres, une épreuve réservée aux cyclistes du dimanche. C'est 2 000 de plus que l'année précédente !

Pierre se réjouit particulièrement de cette nouvelle. Par les témoignages recueillis, il sait que la plupart de ces athlètes étaient sédentaires quelques mois auparavant. Souvent, ils ont eu la piqûre du vélo grâce à la passion d'un proche. Pierre sait bien ce que c'est. Il l'a vécu, il y a près de trente ans, quand Lynne lui a donné le goût de l'activité physique.

« Chaque personne a une immense influence dans son entourage. Le meilleur ambassadeur, c'est ton voisin ! » lance Pierre.

L'athlète peut se réjouir de son plus récent succès. Le dimanche soir, quand tout le monde a quitté le Stade olympique, Pierre prend un moment pour savourer les derniers jours. Son Grand défi a encore une fois été une réussite. Et il vise encore plus grand pour l'année prochaine.

20

PASSIONNÉ JUSQU'AU BOUT

Deux ans auparavant, Pierre avait annoncé que l'Ironman d'Hawaï serait son dernier. Il venait de terminer deuxième et d'enlever le record du monde. Dur de trouver meilleure conclusion à sa carrière ! En plus, cette épreuve l'a tant fait souffrir... Pierre avait tout donné pour courir sous les 9 h 30 min, au point de vivre de sérieuses douleurs aux jambes après la course.

Mais Pierre est un mordu d'adrénaline, c'est-à-dire qu'il carbure aux sensations fortes que lui procure l'entraînement physique intense. Il a beau avoir déclaré qu'il délaissait ce type de compétition et tout l'entraînement qu'il nécessite, il est dur pour lui de faire une croix sur ce plaisir.

Pierre décide de faire un retour à l'Ironman de Mont-Tremblant en août 2016. C'est le cinquième anniversaire de cette compétition : la participation d'un champion comme Pierre est un beau cadeau pour les organisateurs. Il est d'ailleurs nommé président d'honneur de la compétition.

Cependant, Pierre a un autre objectif en tête. Il aimerait retourner à Hawaï pour disputer à nouveau le plus important Ironman au monde. Le sportif souhaiterait y être en 2018, question de se mesurer à un nouveau groupe d'âge, les 55 ans et plus. De toute façon, avec toutes les activités qui entourent le Grand Défi, il n'a pas le temps de se préparer pour 2017!

L'athlète prend au sérieux l'Ironman de Mont-Tremblant. Afin d'être bien prêt, il a disputé quelques mois auparavant le demi-Ironman du Tennessee. À vélo, Pierre a fait quatre fois le tour du lac Saint-Jean en deux semaines! Il a aussi embauché un entraîneur, Pascal Dufresne. Ce dernier l'a beaucoup fait souffrir, aime répéter Pierre.

Mais dans sa préparation, Pierre n'a pas seulement souffert physiquement. Il a trouvé difficile de s'éloigner de Lynne et de ses deux enfants pendant cette période d'entraînement. L'épreuve a lieu le dimanche, et Pierre songe déjà au lundi. Il a hâte de reprendre sa vie « normale »...

**

Comme d'habitude, le départ de l'Ironman est donné très tôt. De fortes vagues agitent le lac, rendant la nage difficile. Une fois rendu à l'étape du vélo, ce n'est guère plus évident. De la pluie s'abat sur le parcours. Les cyclistes font face à des vents qui atteignent 25 kilomètres/heure.

Quand il entame le marathon, Pierre est derrière Pierre Heynemand, son grand rival de toujours. L'autre Pierre est aussi un bon ami. Ensemble, ils ont compétitionné à travers le monde.

Pierre accuse deux minutes de retard. Malgré une crampe, il parvient à rattraper Heynemand au septième kilomètre. Il file ensuite vers le fil d'arrivée... et remporte la première place chez les 50-54 ans.

Pierre visait de nouveau un temps sous les 9 h 30 min. Il a dépassé son objectif de quatre minutes. Compte tenu des conditions météorologiques, il ne s'en fait pas trop. Il est beaucoup trop fatigué pour penser à cela!

« Cet Ironman était le plus dur de ma carrière! » s'exclame-t-il après la course. En plus de trente compétitions de la sorte, jamais il n'avait fait face à des conditions aussi difficiles.

Mais, malgré la douleur, Pierre ne se laisse pas abattre. Dans deux ans, il tentera de renouveler l'expérience à Hawaï. Encore une fois. Pierre sait que ce sera difficile et que l'expérience lui demandera beaucoup d'énergie.

Mais il sait aussi que, lorsqu'il a une passion, il est incapable d'y renoncer.

ÉPILOGUE

Le petit garçon qui aimait la nature a parcouru un long chemin depuis ses échecs en éducation physique à l'école primaire. Et pas seulement à vélo! L'adolescent sédentaire est devenu un athlète accompli et reconnu. Mais surtout, il s'est transformé en ambassadeur.

Quand Pierre regarde tout ce qu'il a accompli dans sa vie, il voit une constante : la passion. C'est ce qui l'a amené à disputer des Ironman. C'est aussi ce qui l'a guidé sur les routes du Saguenay, puis sur celles du Québec, pour inciter les jeunes et les adultes à bouger.

«La passion, c'est quelque chose qui te brûle à l'intérieur sans que tu saches pourquoi», raconte Pierre à la journaliste venue à sa rencontre, dans ses bureaux de Boucherville.

Aujourd'hui, le Grand défi est bien plus qu'un tour cycliste visant à amasser des fonds pour la recherche contre les maladies héréditaires. Il est devenu un mouvement de société, recommandé par les médecins de famille. Il se décline en plusieurs activités, dont une marche et une course à relais pour les élèves du secondaire, du cégep et des universités.

« Ce qui te fait avancer, c'est la passion, ajoute Pierre. C'est accepter d'accomplir des choses que les autres ne sont pas prêts à faire. »

La passion de Pierre l'a mené du Saguenay jusqu'à Hawaï pour compléter des Ironman. Elle l'a aidé à sortir sa bicyclette et à rouler sous la pluie ou sous la neige, pour améliorer ses résultats. Elle lui a fait faire le tour des écoles et des entreprises du Québec pour prôner la cause qui lui tient à cœur.

Et c'est aussi sa passion qui l'amènera à plancher sur tous les nombreux autres projets qu'il a en tête pour les années à venir. Car il est là, le vrai grand défi de Pierre Lavoie. C'est que jamais ne s'essouffle le projet de société qu'il a lancé il y a près de vingt ans.

RÉCOMPENSES OBTENUES PAR PIERRE LAVOIE

2005 – Membre de l'Ordre des 21
2005 – Personnalité de l'année, catégorie Humanisme, courage et accomplissement, gala Excellence de *La Presse*
2005 – Médaille du service méritoire du Gouverneur général du Canada
2006 – Chevalier de l'Ordre national du Québec
2009 – Personnalité de l'année, catégorie Courage, humanisme et accomplissement personnel, Soirée Excellence *La Presse*/Radio-Canada
2010 – Doctorat honoris causa de l'Université du Québec à Chicoutimi
2010 – Lauréat d'un Maurice de l'Hommage Jacques-Beauchamp, Gala SPORTS QUÉBEC
2011 – Médaille d'honneur de l'Assemblée nationale
2011 – Médaille d'or de l'Ordre du mérite de la Fédération des commissions scolaires du Québec
2011 – Médaille d'honneur de la Faculté de médecine de l'Université de Montréal
2012 – Membre de l'Ordre du Canada

SON ENGAGEMENT SOCIAL

- Président de l'Association de l'acidose lactique du Saguenay–Lac-Saint-Jean

- Porte-parole de CORAMH (Corporation de recherche et d'action sur les maladies héréditaires)

- Fondateur du Club cycliste Acidose Lactique (10-17 ans)

- Fondateur du Défi Pierre Lavoie, qui a amassé 650 000 $ en quatre éditions pour la recherche sur l'acidose lactique

- Cofondateur du Grand défi Pierre Lavoie

CHRONOLOGIE

1963

> *Pierre Lavoie naît dans la petite ville de L'Anse-Saint-Jean, au Saguenay–Lac-Saint-Jean. Il est le cadet d'une famille de quatre enfants.*

Le président américain John F. Kennedy est assassiné à Dallas. Il est mortellement atteint par des tirs d'arme à feu.

1976

> *Pierre a douze ans quand ses parents se séparent. Avec sa mère, ses deux frères et sa sœur, il prend la route de La Baie, située à une trentaine de kilomètres de L'Anse-Saint-Jean.*

Montréal est l'hôte des Jeux olympiques d'été. Ces Jeux feront découvrir au monde une gymnaste roumaine de quatorze ans, Nadia Comaneci. Elle est la première de l'histoire à obtenir une note parfaite.

1988

> *Pierre et Lynne, son amoureuse des cinq dernières années, se marient.*

Les Jeux olympiques d'hiver se déroulent au Canada. Le rassemblement planétaire a lieu à Calgary, en Alberta.

1989

> *Dans sa région, Pierre dispute son premier triathlon. Il finit à l'avant-dernier rang, mais se réjouit d'avoir été en mesure de terminer la course, ce qui était son objectif.*

Les Flames de Calgary remportent la coupe Stanley devant les Canadiens de Montréal. La dernière rencontre se déroule au Forum. L'équipe des Flames est la seule, à part celle des Canadiens, à avoir soulevé le trophée dans le légendaire amphithéâtre.

| 1991 | *Le premier enfant de Pierre et Lynne, Bruno-Pierre, voit le jour. C'est un petit garçon en pleine santé.* |

Au Proche-Orient, la guerre du Golfe, qui implique plusieurs pays comme l'Irak, les États-Unis et le Koweït, prend fin.

| 1992 | *Pierre dispute son premier Ironman à Montréal, dans le cadre des festivités du 350e anniversaire de la ville. Il termine en première place.* |

La patineuse de vitesse Sylvie Daigle porte le drapeau du Canada lors de la cérémonie d'ouverture des Jeux olympiques d'Albertville.

| 1993 | *La petite Laurie, le deuxième enfant des Lavoie, vient au monde. Rapidement, des examens médicaux révèlent qu'elle est atteinte de l'acidose lactique.* |

Les Canadiens de Montréal gagnent leur 24e et dernière coupe Stanley à ce jour en l'emportant sur les Kings de Los Angeles en grande finale.

| 1996 | *Pierre termine au premier rang de sa catégorie d'âge lors de l'Ironman d'Hawaï, le plus prestigieux de la planète. Il répétera l'exploit à deux autres occasions.* |

Le 22e premier ministre du Québec, Robert Bourassa, meurt à l'âge de 63 ans.

| 1997 | *Laurie, âgée de quatre ans, meurt de l'acidose lactique, alors que Pierre s'entraîne pour un triathlon en Arizona.* |

À la suite d'une chaude lutte avec Michael Schumacher au Grand Prix de Jerez, en Espagne, le Québécois Jacques Villeneuve est sacré champion du monde de Formule 1 sur sa monoplace Williams. Il est le premier coureur automobile de la province à réussir l'exploit.

1999

Pierre réalise son premier Grand défi. Pendant 24 heures et sur 650 kilomètres, il sillonne les routes du Québec sur son vélo. Cette première édition lui permet d'amasser 25 000 $ pour la lutte contre l'acidose lactique.

Wayne Gretzky, le meilleur pointeur de l'histoire de la Ligue nationale de hockey, dispute le dernier match de sa carrière. Il termine avec 2 857 points en 1 487 matchs, un record qui ne sera sûrement jamais battu.

2000

Né vingt mois plus tôt, le petit Raphaël, le troisième enfant de Pierre et Lynne, meurt à son tour de l'acidose lactique.
Pierre tient une deuxième édition de son Grand défi. Il répétera l'expérience au Saguenay au cours des deux années suivantes.

L'actrice Sophie Nélisse, connue pour ses rôles dans *Monsieur Lazhar*, *La voleuse de livres* et *Les Parent*, voit le jour à Windsor, en Ontario.

2003

Le gène responsable de l'acidose lactique est découvert. Un test de dépistage est mis au point.

Jean Charest est élu premier ministre du Québec. Le Parti libéral gouvernera le Québec pendant neuf ans, jusqu'en 2012.

2004
> *La petite Joly-Anne Lavoie vient au monde. La fillette est en pleine santé.*

Un conflit de travail éclate entre les joueurs de la Ligue nationale de hockey et leurs patrons. Tous les matchs de la saison 2004-2005 seront annulés.

2005
> *Des enfants ayant fait quinze minutes d'activité physique par jour peuvent rouler aux côtés de Pierre pendant un kilomètre. C'est le début des cubes d'énergie comme on les connaît aujourd'hui.*

Le gardien de but Carey Price est repêché au cinquième rang par les Canadiens de Montréal.

2006
> *Pierre est fait Chevalier de l'Ordre national du Québec, un honneur qui souligne son implication dans la lutte contre l'acidose lactique.*

Une étudiante est tuée et neuf personnes sont blessées lorsqu'une fusillade éclate au Collège Dawson, à Montréal.

2009
> *Le Grand défi Pierre Lavoie se transforme en une randonnée à vélo de 1 000 kilomètres entre La Baie et Montréal. C'est le début du Grand défi comme on le connaît aujourd'hui.*

Les Canadiens de Montréal célèbrent le 100e anniversaire de leur fondation.

2012

Pierre est fait membre de l'Ordre du Canada pour l'ensemble de son implication.

Le premier président noir de l'histoire des États-Unis, Barack Obama, est réélu pour un deuxième et dernier mandat.

Au Québec, plusieurs manifestations étudiantes se déroulent au printemps. On surnommera le mouvement le « Printemps érable ». Les étudiants se liguent contre la hausse des droits de scolarité.

Pauline Marois est élue première ministre du Québec. La cheffe du Parti québécois succède à Jean Charest et au Parti libéral, au pouvoir depuis 2003.

2013

À Hawaï, Pierre dispute un Ironman et termine deuxième de sa catégorie d'âge.

P.K. Subban est le premier joueur des Canadiens de Montréal en 24 ans à remporter le trophée Norris, remis au défenseur par excellence de la Ligue nationale de hockey.

2016

Le Grand défi Pierre Lavoie connaît une édition record. Plus de 3 millions de dollars sont amassés pour les écoles primaires du Québec et 70 000$ sont récoltés pour la recherche sur les maladies héréditaires.

Le controversé candidat républicain Donald Trump est élu président des États-Unis devant la candidate démocrate Hillary Clinton.

BIBLIOGRAPHIE

ARTICLES ET SITES INTERNET CONSULTÉS

ANONYME. « Le Grand défi Pierre Lavoie », 2016, [En ligne]. [https://www.legdpl.com/]

ANONYME. « Pierre Lavoie, chevalier », (2006), 2006, [En ligne]. [https://www.ordre-national.gouv.qc.ca/membres/membre.asp?id=1838]

CHAUMONT, Jean-François. « C'est l'équivalent de grimper l'Everest – Lavoie », 2012, [En ligne]. [http://www.tvasports.ca/2012/08/18/cest-lequivalent-de-grimper-leverest---lavoie]

DUBÉ, Kevin. « Pierre Lavoie complète son dernier Ironman », 2013, [En ligne]. [http://fr.canoe.ca/hommes/forme/archives/2013/10/20131012-233840.html]

GAGNON, Katia. « Pierre Lavoie : l'empereur du cube », 2016, [En ligne]. [http://www.lapresse.ca/actualites/201605/31/01-4986967-pierre-lavoie-lempereur-du-cube.php]

RICHARD, Mylène. « L'année des records », 2016, [En ligne]. [http://www.journaldemontreal.com/2016/06/19/les-participants-du-grand-defi-pierre-lavoie-font-leur-entree-au-stade-olympique-1]

RIOUX, Benoît. « Un début de parcours difficile pour le Grand défi Pierre Lavoie », 2016, [En ligne]. [http://www.tvasports.ca/2016/01/26/un-debut-de-parcours-difficile-pour-le-grand-defi-pierre-lavoie]

ST-GELAIS, Roby. « J'ai souffert toute la journée », 2016, [En ligne]. [http://www.journaldemontreal.com/2016/08/21/jai-souffert-toute-la-journee--pierre-lavoie]

ST-GELAIS, Roby. « Le retour calculé de Pierre Lavoie », 2016, [En ligne]. [http://www.journaldequebec.com/2016/08/20/le-retour-calcule-de-pierre-lavoie#ifrndnloc]

TREMBLAY, Réjean. « L'enthousiasme contagieux de Pierre Lavoie », 2009, [En ligne]. [http://www.lapresse.ca/debats/chroniques/rejean-tremblay/200903/28/01-841150-lenthousiasme-contagieux-de-pierre-lavoie.php].

LES COLLABORATEURS

Enfant, **Jessica Lapinski** a pratiqué quelques sports, mais sans grand talent. Plutôt que de courir, elle préférait admirer à la télévision ou au stade les exploits des meilleurs athlètes au monde. À l'université, elle a décidé d'allier sa passion du sport avec un de ses vieux passe-temps, l'écriture, et d'étudier le journalisme. Aujourd'hui, elle est journaliste sportive au *Journal de Montréal*, dans lequel elle signe notamment une chronique sur le tennis chaque semaine.

Josée Tellier a toujours été passionnée par l'illustration, depuis la maternelle! Très tôt, elle savait qu'elle gagnerait sa vie dans ce domaine. Avec son rêve en tête, elle se pratiquait à dessiner tous les jours, ce qui lui vaudra plusieurs prix dans divers concours régionaux. Cet intérêt prononcé pour les arts l'amènera à poursuivre ses études en graphisme. Des projets variés s'ajouteront à son portfolio au fil des années dont des collections de mode pour les jeunes, des expositions et plusieurs couvertures de romans jeunesse dont celles de la populaire série *Le journal d'Aurélie Laflamme* d'India Desjardins.

TABLE DES MATIÈRES

Préambule	....	7
Chapitre 1	**Entre la forêt et la rivière**.............	10
Chapitre 2	**Un athlète ? Pas vraiment !**...............	13
Chapitre 3	**Le choc de la grande ville**	17
Chapitre 4	**Amateur de camions**	23
Chapitre 5	**Un talent caché**....................................	28
Chapitre 6	**Une nouvelle passion**..........................	35
Chapitre 7	**Mari et père de famille**.....................	40
Chapitre 8	**D'avant-dernier... à premier**	44
Chapitre 9	**Une nouvelle dure à accepter**..........	48
Chapitre 10	**Sous le soleil d'Hawaï**	52
Chapitre 11	**Le moment tant redouté**	56
Chapitre 12	**Le premier grand défi**.......................	61

CHAPITRE 13	**ADIEU, RAPHAËL**	65
CHAPITRE 14	**LA QUESTION QUI CHANGE TOUT**	69
CHAPITRE 15	**LE PETIT MIRACLE**	74
CHAPITRE 16	**UN APPUI DE TAILLE**	77
CHAPITRE 17	**1 000 KILOMÈTRES À VÉLO**	82
CHAPITRE 18	**UN DERNIER TOUR DE PISTE**	89
CHAPITRE 19	**DE LA NERVOSITÉ AU SOULAGEMENT**	97
CHAPITRE 20	**PASSIONNÉ JUSQU'AU BOUT**	103
ÉPILOGUE		107
RÉCOMPENSES OBTENUES PAR PIERRE LAVOIE		109
SON ENGAGEMENT SOCIAL		110
CHRONOLOGIE		111
BIBLIOGRAPHIE		116
LES COLLABORATEURS		119

DANS LA MÊME COLLECTION

Suivez-nous sur le Web

Consultez nos sites Internet et inscrivez-vous à l'infolettre
pour rester informé en tout temps de nos publications et
de nos concours en ligne. Et croisez aussi vos auteurs
préférés et notre équipe sur nos blogues !

EDITIONS-PETITHOMME.COM
EDITIONS-HOMME.COM
EDITIONS-JOUR.COM
EDITIONS-LAGRIFFE.COM

Imprimé chez Marquis Imprimeur inc.
sur du Rolland Enviro, contenant 100 %
de fibres postconsommation, fabriqué à partir d'énergie biogaz
et certifié FSC®, ÉCOLOGO, Procédé sans chlore et
Garant des forêts intactes.